Slow Dog

Ein Hundebuch für das Leben mit dem Hund

Von Walter Sofronie

Über den Autor:

1958 in Kärnten geboren, lebt seit 40 Jahren mit Hunden in der Steiermark. War Ausbilder beim Österreichischen Rettungsdienst für Rettungs- und Therapiehunde.

Zur Erinnerung an die Hunde in meinem Leben:

Wolfi - Schäferhund Rüde

Assi - Zwergpudel Hündin

Jupi - Kleinpudel Rüde

Brenta - Schäferhund Hündin

Rambo - Mittelspitz Rüde

Speed - Affenpinscher Rüde

Ariva - Border Collie Hündin

Filou - Chinese Crested Powder Puff Rüde

Bibliografische Informationen der Deutschen Nationalbibliothek: Die deutsche Nationalbibliothek verzeichnet diese Publikation in der Deutschen Nationalbibliografie. Detaillierte bibliografische Daten sind im Internet unter http://dnb.dnb.de abrufbar.

ISBN 9783755778349

Herstellung und Verlag:

BoD - Books on Demand, Norderstedt

Inhaltsverzeichnis

Über dieses Buch

Slow Dog ist das Ergebnis meiner Beobachtungen von vielen Menschen mit ihren Hunden und den Erfahrungen, die ich dabei gesammelt habe. Ich beschreibe in diesem Buch meine Philosophie über Hunde und ihren menschlichen Lebenspartner. Dieser Philosophie liegt die Überzeugung zugrunde, dass wir in unserer heutigen schnelllebigen, sehr auf das Ich bezogenen Zeit eine tiefe Sehnsucht nach etwas Beständigem in uns tragen, nach einem ursprünglichen, naturverbundenen, genussvollen und entschleunigten Leben. Wir sind in einer Zeit angekommen, in der die Art und Weise, wie wir leben, nicht für uns Menschen, für unser Naturell, gemacht ist. Da wir Menschen Säugetiere sind, könnte man diese Lebensweise als nicht artgerechte Menschenhaltung bezeichnen.

Wir sind als Spezies noch nicht im Heute angekommen und in uns lebt der Mensch aus früheren Zeiten, als wir noch ohne Technik ein viel naturverbundeneres Leben führten. Leider haben wir aber die Verbindung zu dieser uns innewohnenden Art zu leben verloren. Es fehlt in unserem Leben vieles, das zu uns gehören würde, vor allem die Natur. Stattdessen leben wir in einer künstlichen, technisierten, unnatürlichen Welt, die wir uns selbst in dem Irrglauben geschaffen haben, dass es gut ist, so zu leben. Wir sehnen uns aber nach einem Leben, das uns gerechter wird. Dennoch joggen wir auf Asphalt mit dem Knopf im Ohr, der uns mit motivierender Musik versorgt, anstatt dass wir die Augen öffnen und die Aufmerksamkeit auf die vielen Naturwunder um uns herum lenken. Wir haben es verlernt, die wirklich wichtigen Dinge wahrzunehmen, und haben unsere Naturverbundenheit verloren. Wir spüren die Natur nicht mehr und haben kein Gefühl dafür, was es heißt, in und mit der Natur zu leben. Wir ernähren uns von dem, was der Supermarkt bietet, und wissen nicht mehr, wie wertvolle Lebensmittel entstehen. Wir blicken andauernd auf unser Handy, als ob das Leben in diesem Gerät stattfinden würde, und vergeuden damit unsere Lebenszeit. Vor allem aber verlieren wir den Kontakt zu uns selbst und erkennen nicht mehr, wer wir wirklich sind.

Hier kommt unser Hund ins Spiel – denn er holt uns in das Leben und in die Wirklichkeit zurück. Er bremst das wahnsinnige Tempo, mit dem wir an den wichtigen Dingen im Leben vorbeirasen. Wir jagen hinter materiellen Dingen her, die uns aber nur kurz ein Gefühl des Glücks vermitteln. Und dann? Die materielle Welt ist nicht die einzige, es gibt vieles darüber hinaus, woran wir teilhaben können.

Slow Food, slow cooking, slow down your life, ist eine Bewegung, die uns in unserem täglichen Stress Gemütlichkeit, Ruhe und Erholung vermitteln will. Auch unser Zusammenleben mit dem Hund soll bewusster werden. Immer mehr wird von vielen Hundebesitzern angestrebt, einen natürlichen, partnerschaftlichen Umgang mit dem Hund zu pflegen. Den Hund nicht zu „halten", sondern ihn als Partner und Familienmitglied in unser Leben zu integrieren. Dabei hilft das oben erwähnte Motto „slow down your life".

Nicht die Auslastung des Hundes steht im Mittelpunkt, sondern ein „slow down" im Zusammenleben mit dem Hund. Mit Achtsamkeit und Mitgefühl für das Lebewesen an unserer Seite. Wenn wir das erkennen, werden wir das Glück in den Augen unseres Hundes sehen können.

Die Angaben in diesem Buch ersetzen keine Hundeschule, kein Hundetraining mit positiver Verstärkung und keinen Hundetrainer. Dieses Buch beinhaltet philosophische Gedanken, wie wir unser Zusammenleben mit dem Hund besser gestalten können. In diesem Buch gibt es keine Anleitungen für ein Training oder gar Rezepte in der Art „tu dies oder mach das, dann wird es funktionieren". Für alle, die nach einer Erziehungshilfe suchen mit präzisen Anweisungen, die, ohne selbst darüber nachzudenken, nur zu befolgen sind, ist dieses Buch nicht das richtige.

Erfolgreiche Hundeerziehung findet nicht in der Hundeschule oder während eines Trainings statt, sondern immer, wenn wir mit unserem Hund zusammen sind. Ein Leben lang.

Wenn die Hundeerziehung aber immer und überall stattfindet, dann sollte sie für uns, für unser Leben und für unseren Hund maßgeschneidert sein. Genauso wie wir ist der Hund keine Maschine, die immer gleich funktioniert, sondern ein hochsoziales Individuum. Hunde gibt es, wie Menschen, in unzähligen individuellen Variationen. Wir haben mit unserem Hund eine einzigartige Beziehung, wie es sie kein zweites Mal auf dieser Welt gibt. Die Art und die Ausprägung dieser Beziehung sind mitentscheidend für den Erfolg bei der Erziehung unseres Hundes. Deshalb müssen wir unseren individuellen, für unser Leben passenden Weg mit unserem Hund finden. Diesen Weg kann nur jeder für sich selbst finden, das kann dieses Buch nicht abnehmen. Bei der Suche nach diesem Weg müssen wir selbst denken, dieses Buch kann dabei behilflich sein und wie eine Landkarte mögliche Wege zeigen. Aber den Weg suchen und beschreiten muss jeder selbst. Welche Richtung wir auf dem Weg einschlagen, entscheiden wir hoffentlich im Einvernehmen mit dem Hund.

Doch bevor wir uns auf die Reise durch das Leben mit dem Hund begeben, dürfen wir eines nicht vergessen: Es ist unsere Aufgabe, das Leben des Hundes so zu gestalten, dass es ein glückliches für ihn ist.

Wenn es mir gelingt, die Einstellung des Lesers dem Hund gegenüber zu überdenken oder gar zu ändern und ein Stückchen sich selbst zu erkennen und an sich selbst zu arbeiten, ist das Ziel dieses Buches mehr als erreicht. Ein Mensch, der sich selbst verändern kann, kann die Welt verändern.

Die Reise beginnt

Ich will versuchen, ein Reiseleiter auf dem Weg zu einem guten Leben mit dem Hund zu sein. Ein Reiseleiter ist jemand, der eine bestimmte Reise schon oft gemacht hat und sich deshalb auskennt. Ich habe mich schon oft auf diese Reise begeben und ich reise immer noch. Immer wieder finde ich Neues auf meinem Weg, das ich bisher übersehen habe, und es gibt immer etwas zu entdecken, man lernt eben nie aus. Das sollte einem bewusst sein. Fehler zu machen, ist nichts Schlimmes, aber nichts daraus zu lernen, ist dumm. Für mich ist es wesentlich, dass mir etwas sehr Wichtiges erhalten bleibt: meine Intuition. Ich wünsche jedem, der sich auf dieser Reise von mir führen lässt, dass er seine Intuition findet und sich auf sie einlässt.

Die erste Frage, auf die wir eine Antwort suchen, lautet: Warum ausgerechnet ein Hund? Könnte es nicht eine Kuh, ein Schaf, ein Hamster oder ein anderes Haustier sein? Was macht einen Hund so besonders, dass wir ausgerechnet ihn als Begleiter in unserem Leben haben wollen?

Hunde leben seit mehr als 30.000 Jahren mit uns Menschen zusammen und haben sich zu Experten für Menschen entwickelt. Kein anderes Tier ist wie der Hund in der Lage, unser Verhalten zu analysieren und sich darauf einzustellen. Hunde erkennen, wer wir sind, wie wir uns fühlen, ob wir traurig, glücklich, aufmerksam oder abgelenkt sind. Neue Studien lassen vermuten, dass Hunde die Menschen sogar den eigenen Artgenossen als Lebenspartner vorziehen. Sie passen ihr Verhalten an unsere mentale Verfassung und an unterschiedlichste Persönlichkeiten des Menschen an und halten uns dadurch einen Spiegel vor. Unser Hund hilft uns, zu erkennen, wer wir sind. Wenn wir genau hinsehen und uns selbst mit Bedacht beobachten, dann wird uns manchmal nicht gefallen, was wir da an uns sehen, manchmal aber schon. Deshalb ist es wichtig, dass wir als Erstes uns selbst erkennen und akzeptieren, wer wir sind. Wenn wir uns selbst nicht verstehen, dann können wir auch andere nicht verstehen und schätzen. Verstehen wir uns jedoch selber, ist es möglich, zu lernen, unseren Hund zu verstehen, da er mit seinem Verhalten direkt auf uns reagiert.

Wenn wir diesen Zusammenhang erkannt haben, können wir beginnen, durch die Veränderung unseres Verhaltens direkt das Verhalten des Hundes im positiven Sinn zu beeinflussen.

Es gilt dabei, Folgendes der Evolutionsbiologie zu beachten: Um in der Natur zu überleben, orientieren sich die Jungen an den Eltern. Das gleiche Verhaltensmuster zeigen die jungen Hunde, die sich an uns Menschen als Lebenspartner orientieren. Aber wenn die Hunde älter werden, bewerten sie unser Verhalten nach ihren eigenen Werten. Sie beurteilen, ob wir kompetent, beschützend und zuverlässig in unseren Entscheidungen und Handlungen sind. Können wir die Realität um uns herum richtig einschätzen und handeln wir danach? Wobei sich die Realität aus der Sicht der Hunde doch etwas anders darstellt als bei den Menschen. Hunde müssen wissen, ob es besser ist, sich selbst zu verteidigen oder zu flüchten, denn es geht um ihr Leben. Und sie müssen wissen, ob sie sich auf uns verlassen können. Unsere Hunde bewerten viele Dinge, die uns kein Kopfzerbrechen bereiten, als ginge es um Leben und Tod. Denn sie wissen nicht, dass ein Auto kein lebensbedrohlicher Drache ist und der Jogger keine Beute, die man jagen kann. Sie bewerten diese Dinge nach ihren eigenen Grundsätzen und beobachten, ob wir Menschen damit richtig umgehen können. Sie wollen von uns wissen, ob wir in der Lage sind, ihre Werte zu leben.

Aber wie geht das vonstatten? Wie kann ich die Werte vermitteln, nach denen mich der Hund bewertet, und ihm ein guter Begleiter sein? Wir müssen den Hund verstehen und auf ihn eingehen, statt immer nur nett zu ihm sein. Fürsorge allein ist somit zu wenig. Der Hund liebt es, wenn wir so authentisch wie möglich Grenzen markieren, denn damit vermitteln wir ihm Kompetenz. Wir müssen lernen, freundlich, aber mit Power, nein zu sagen. Es darf kein vielleicht geben, kein mal so, mal so. In diesen Situationen kommt es auf die Zuverlässigkeit unserer Entscheidungen an, denn damit vermitteln wir dem Hund die ihm wichtigen

Werte und leben sie ihm vor. Das ist allerdings leichter gesagt, als getan. Es gibt aber einige Eigenschaften des Hundes, die uns in diesen Situationen entgegenkommen, wie wir noch sehen werden.

Man braucht um Kompetenz zu vermitteln nicht autoritär zu sein, man muss seine eigene persönliche Autorität finden. Wenn wir nur autoritär handeln würden, würde der Hund uns nicht mehr vertrauen können und sehr schnell damit beginnen, seinen eigenen Weg zu gehen. Wieso sollte er jemandem folgen, der so handelt? Immerhin vertraut uns der Hund sein Leben an. Wenn wir nur unsere Macht ausspielen und etwas vom Hund verlangen, weil wir es halt gerade wollen, ja, wenn wir dieses Verhalten sogar mit Züchtigung und Erpressung verbinden, wird das nicht funktionieren und so ein Verhalten ist ohnehin absolut abzulehnen. Autoritär werden wir, indem wir zur Autorität werden, indem wir Autorität vorleben, indem wir eine Haltung einnehmen, die Zuverlässigkeit, Konstanz, Konsequenz signalisiert und lebt. Mit all diesen Handlungen vermitteln wir dem Hund gegenüber Sicherheit, Geborgenheit und Freundlichkeit. An so einem Menschen wird sich der Hund gerne orientieren und ihm auf dem Weg durch das gemeinsame Leben folgen.

Das hört sich wunderbar an, aber wie funktioniert das in der Praxis? Wie werde ich zu einer Autorität und wie werde ich authentisch?

Die Entscheidung über das wie

Wie wollen wir mit unserem Hund zusammenleben und wie erreichen wir das? Eine einfache Frage und dennoch sehr schwer zu beantworten. Sind wir uns eigentlich darüber im Klaren, was wir wollen und wie wir das Ziel erreichen wollen? Gerne denken wir an einen folgsamen Hund, der immer und überall das tut, was wir gerne hätten. Aber was hätten wir denn gerne? Stellen wir uns vor, unser Hund würde sich in jeder Situation so perfekt wie nur möglich verhalten und alles genau so machen, wie wir es uns erträumen.

Wie langweilig! Ist unser menschlicher Lebenspartner auch so perfekt und macht immer genau das, was wir wollen? Sind unsere Kinder perfekt in allen Situationen? Apropos Kinder: Wie erziehen wir sie?

Zu Beginn unserer Reise mit dem Hund müssen wir uns darüber klar werden, was möglich ist und was nicht. Vor allem das Wie ist entscheidend. Deshalb ist ein wichtiger erster Schritt, die eigenen Ziele zu erkennen und den Weg festzulegen, wie diese zu erreichen sind.

Dazu ein paar Gedanken zur Definition von in diesem Zusammenhang wichtigen Begriffen. Dressur ist die Ausübung von Macht gegenüber einem schwächeren oder unterlegenen Individuum. Damit ist nicht nur die Ausübung von Macht mit Gewalt gemeint, denn auch der Einsatz einer Belohnung ist ein Ausüben von Macht, wenn auch auf freundliche Art. Aber ist es nicht Ausübung von Macht eine Belohnung zu verweigern? Training ist die regelmäßige Übung spezieller Fähigkeiten zur Erreichung eines Zieles, wie zum Beispiel beim Hundesport, in welcher

Sparte auch immer. Erziehung ist die Einflussnahme auf das Verhalten durch soziale Interaktion, um ein konfliktfreies Zusammenleben und das Leben in der Gesellschaft zu ermöglichen.

Aber es gibt noch mehr tiefergehende und wichtige Fragen, die wir uns stellen müssen. Wie nimmt der Hund unsere Emotionen wahr und wie interpretiert der Hund unser Verhalten? Wie verhalten wir uns hundegerecht? Wir sollten genau wissen, was wir tun, wenn wir uns dazu entscheiden, einen Hund in unser Leben zu holen.

Dazu müssen wir zuerst verstehen, was einen Hund motivieren kann, das von uns gewünschte Verhalten zu zeigen.

Es gibt zum einen die Möglichkeit der klassischen oder auch der operanten Konditionierung und die Vermittlung über Kommunikation unter Zuhilfenahme von Leckerli und Klicker oder Markerwort. Viele behaupten, dass jegliche Beeinflussung von Verhalten immer durch Konditionierung stattfindet und anders gar nicht möglich ist. Zum anderen ist zwischen der extrinsischen und der intrinsischen Motivation zu unterscheiden, also zwischen einer von außen kommenden Belohnung und einer Belohnung aus dem Verhalten selbst (durch Befriedigung eines Triebes oder eines Bedürfnisses). Beispielsweise ist das Jagdverhalten intrinsisch motiviert, da es den Jagdtrieb des Hundes befriedigt. Intrinsisch motiviertes Verhalten wird also um seiner selbst Willen ausgeführt. Befolgt hingegen der Hund ein Kommando und wird mit einem Leckerli belohnt, folgt er einer extrinsischen Motivation, also einer von außen kommenden. Das sind wichtige Fakten, über die wir Bescheid wissen sollten, damit wir unseren Hund verstehen lernen und auch selber verstehen, was wir tun, wenn wir etwas tun.

Als Nächstes wollen wir betrachten, was passiert, wenn Probleme bei der Erziehung unseres Hundes auftreten. Zuallererst kommt Stress auf, sei es, weil wir oder der Hund sich vor etwas erschrecken oder weil wir uns ärgern. Was passiert in einer solchen Situation aber genau? Unser Stammhirn hat für diverse Situationen fertige Notfallpläne gespeichert, die bei allen Säugetieren in etwa gleich sind. Das sind die Notfallpläne Kampf, Flucht oder Totstellen. Beim Hund kommt noch etwas hinzu, das man herumkaspern nennen könnte. Im Englischen spricht man von den vier F: fight, flight, freeze, fiddle about. Das sind Verhaltensmuster, die helfen sollen, stressige Situationen zu bewältigen. Wir wollen diese aber nicht nur auf den Hund beziehen, sondern müssen uns darüber im Klaren sein, dass diese Muster auch für uns gelten. Mit anderen Worten, es gibt Situationen, in welchen wir uns instinktiv verhalten, ohne darüber nachzudenken. Es kann auch für uns lebensrettend sein, wenn wir schnell sind in unseren Handlungen. Wenn wir gewisse Situationen jetzt aus der Sicht des Hundes betrachten so sollten wir erkennen, dass es manchmal aus seiner Sicht lebensbedrohlich ist und er deshalb instinktiv reagiert auch wenn wir das Geschehen um vieles entspannter sehen. Aus unserer Sicht mag das Herannahen eines Traktors nichts Außergewöhnliches sein, dennoch kann der Hund darin eine Lebensbedrohung sehen und entsprechend darauf reagieren mit Flucht oder Angriff zum Beispiel. Aus der Sicht des Hundes eine legitime Reaktion auf die Bedrohung und wir Menschen stehen ratlos da und verstehen nicht, warum der Hund so reagiert.

Was kann man tun? Es bedarf viel Achtsamkeit und Empathie dem Hund gegenüber, um dann einen Weg zu finden, wie man dem Hund erklären kann, dass es keine so große Bedrohung ist, wie er glaubt. Ein Langsames und Bedächtiges annähern in kleinen Schritten mit viel Geduld wäre eine Möglichkeit. Jeden Schritt näher an die vermeintliche Gefahr mit einem Leckerli belohnen und wenn man merkt, es war ein Schritt zu viel, dann besser wieder mit etwas mehr Abstand weitermachen. Bei manchen Hunden wird es schneller gehen und bei manchen wird es mehr Geduld erfordern, je nachdem.

Aber auch die Selbstsicherheit und das Auftreten des Menschen in solch einer Situation spielen eine Rolle. Wenn man selbst verunsichert ist, weil man sich um den Hund sorgt, so wird dieser das als Schwäche empfinden und auf die drohende Gefahr beziehen und nicht auf sich selbst. So kann man trotz der positiven Unterstützung durch Leckerli dem Hund eventuell nur sehr langsam zu einem Erfolg kommen da der Hund die Zweifel und die Unsicherheit des Menschen spürt. Hat man dagegen ein selbstbewusstes auftreten und ist vom Erfolg seines Handelns überzeugt, dann wird das Leckerli das Tüpfelchen auf dem i sein, das der Hund braucht, um schnell zu lernen das er keine Angst haben muss. Wir sehen also, dass unsere eigene Verfassung ein wesentlicher Bestandteil eines erfolgreichen Trainings mit dem Hund ist. Wenn wir erfolgreich trainieren wollen müssen wir auch auf uns selbst achten und sehen, in welcher Verfassung wir gerade sind, so kann es besser sein an manchen Tagen nicht zu trainieren. Auf jeden Fall sollten wir lernen, auf uns selbst zu achten, und versuchen zu verstehen, wie alles zusammenhängt.

Erkenne dich selbst

„Dies über alles: Sei dir selber treu. Und daraus folgt, so wie die Nacht dem Tage, du kannst nicht falsch sein gegen irgendwen." (William Shakespeare, Hamlet)

Wir können uns vor unserem Hund nicht verstellen. Er erkennt mit Sicherheit, mit welchem „Selbst" von uns er es gerade zu tun hat. Ob wir voller Zorn sind oder ängstlich, ob wir selbstsicher sind oder gerade nicht wissen, was zu tun ist. Wir wissen aber häufig nicht, wie unser eigenes „Selbst" aussieht, dem wir treu sein sollen. Wir wissen oft nicht, wer wir wirklich sind. Was antworten wir auf die Frage: Wer bist du? Es ist mit dieser Frage nicht der Name gemeint, auf den wir hören, sondern unser innerstes wirkliches „Selbst", unser Ich. Aber ich weiß doch, wer ich bin und was für ein Mensch ich bin. Tatsächlich? Oder hat unser Selbstbild ein bisschen mit unseren Wünschen zu tun? Vor allem registrieren wir viele unserer Verhaltensweisen nicht, da diese unbewusst geschehen. Aber andere sehen sie, auch unser Hund. Manchmal machen wir eine unbewusste Bewegung, bevor wir etwas sagen, beispielsweise berühren wir unsere Nase. Vielleicht spielen wir mit den Fingern mit einem Gegenstand, wenn wir nervös sind. Für einen außenstehenden Beobachter ergibt sich daraus ein Bild über unsere Stimmungslage. Andere Menschen sehen somit diese unbewussten Bewegungen, aber auch unser Hund. Nur wir selbst bemerken diese Verhaltensweisen nicht.

Um zu erkennen, wer wir wirklich sind, gibt es die Möglichkeit der Meditation. Ein wichtiger Aspekt der Meditation ist, dass wir dabei Achtsamkeit und Mitgefühl lernen, und zwar uns selbst und anderen gegenüber. Achtsamkeitsmeditation empfiehlt sich für unseren weiteren Weg und unterstützt unser Vorhaben, mit dem Hund besser zusammenzuleben.

Wenn wir achtsam sind, werden wir authentischer und erkennen, was wichtig ist; wir erkennen unsere Schwächen, die uns der Hund zeigt, und können an diesen arbeiten. Unser Hund ist ein idealer Trainingspartner, wenn es darum geht, uns selbst zu erkennen. Er ist dort stark, wo wir schwach sind, und ist dort schwach, wo wir stark sind. Somit können wir uns mithilfe des Hundes weiterentwickeln, wenn wir annehmen, was er uns anbietet. Auf diese Weise lernen wir, zuverlässig, konstant und konsequent zu sein, und werden, zu dem was der Hund von uns erwartet. Wir werden zu einer Autorität, weil wir eine sind – in allen Belangen des gemeinsamen Lebens. Das geht natürlich nicht von heute auf morgen und braucht seine Zeit, aber diese Zeit ist es wert. Deshalb ist es wichtig, dass wir uns die Menge an Zeit nehmen, die es braucht, damit wir uns weiter entwickeln können.

So finden wir auch zurück zu unserem Ursprung zu unserer angeborenen Biophilie unserer Liebe und Verbundenheit mit der Natur. Wir sind ein Teil der Natur und stehen nicht außerhalb von ihr. Wir sind auch keine Maschine und kein Gott. Wir kommen aus der Natur und gehören zu ihr, auch wenn es scheint, dass wir diese Tatsache vergessen haben und in einer völlig anderen, von uns selbst erschaffenen künstlichen Welt leben.

Eingeborene auf den Inseln im Pazifischen Ozean haben schon früh große Entfernungen zurückgelegt, und zwar ohne Kompass oder das, was wir heute Navigation nennen. Sie spürten die Natur und fügten Wolken, Wind und Wellen, den Stand der Sonne und der Sterne zu einem Gesamtbild zusammen, das sie letztendlich dazu befähigte, ihren Weg zu finden. Wer kann das heute noch? Viel altes Wissen ist verloren gegangen und wird überdeckt durch die laute, helle, moderne, künstlich von uns geschaffene Welt. Wann haben wir das letzte Mal draußen in der Natur die Milchstraße am Sternenhimmel betrachtet? Wann haben wir das letzte Mal an einem Ufer gestanden und die Wellen des Wassers beobachtet? Wann haben wir unseren Hund das letzte Mal bewusst und mit tiefen Empfindungen wahrgenommen – wertfrei, ohne über ihn zu urteilen oder sein Verhalten zu interpretieren?

Mit Achtsamkeit und Mitgefühl uns selbst gegenüber erkennen wir uns selbst und erhalten damit die Fähigkeit, auch unserer Umwelt und unserem Hund mit Achtsamkeit und Mitgefühl zu begegnen. Wir können lernen, mit unseren Emotionen umzugehen und diese zu beeinflussen. Dadurch werden wir gelassener, selbstsicherer und souveräner. Wir finden zu uns selbst und werden kompetent, zuverlässig, schutzgebend und dadurch zur Autorität für unseren Hund.

Dazu ein Beispiel:

Einem Hund, der uns auf die Nerven geht, weil er immer zu den unpassendsten Momenten sich danebenbenimmt, niemals gehorcht und scheinbar alles nur macht, um uns zu ärgern, unterstellen wir vielleicht sogar Boshaftigkeit und Sturheit. Wir ärgern uns maßlos über ihn und suchen die Ursache der

Probleme beim Hund. Jedes Mal eskaliert die Situation, wenn wir versuchen, diese in den Griff zu bekommen. Wir suchen beim Hund nach einer Lösung des Problems und denken, dass der Hund mit dem entsprechenden Training lernen wird. Weit gefehlt! Wir vergessen in dieser Situation nämlich, uns selbst und unser Verhalten mit einzubeziehen. Unsere Reaktion auf sein – aus unserer Sicht – fehlerhaftes Verhalten ist unter Umständen so, als ob Öl in das Feuer gegossen werden würde. Was sieht der Hund in uns, wenn wir so reagieren? Könnte es sein, dass wir dann nicht gerade souverän und schutzgebend wirken? Wenn wir aber mithilfe der Meditation unsere Achtsamkeit geschult haben, werden wir erkennen, dass der Hund sich eventuell aus der Not heraus so verhält, und zwar, weil wir uns nicht so verhalten, wie es der Hund in dieser Situation gerade brauchen würde. Wenn wir uns selbst mit Achtsamkeit in dieser Situation betrachten, werden wir eventuell erkennen, wie nervös und aufgebracht wir sind. Aus der Sicht des Hundes sind wir dann nicht sehr vertrauenserweckend. Er würde lieber jemandem gehorchen, der die Situation richtig einschätzt, sich dementsprechend verhält und vor allem die Ruhe und Übersicht bewahrt. Der Hund erkennt nicht, dass wir wegen ihm so aufgebracht sind, sondern verknüpft unser Verhalten mit der Situation.

Wenn wir also lernen, ruhig und gelassen zu bleiben, wird die Lage in Zukunft nicht mehr so eskalieren. Wir zeigen dem Hund, dass wir in der Lage sind, die Situation zu meistern, indem wir auf ihn und seine Befindlichkeiten eingehen. Dann wird auch das Training über positive Verstärkung erfolgreich sein, denn das muss trotzdem durchgeführt werden. Es geht nicht das eine ohne das andere. Es muss beides im Einklang miteinander stattfinden, damit das Training erfolgreich ist. Wir können nicht nur mit dem Leckerli bestätigen, auch wir müssen durch unser Verhalten unseren Teil dazu beitragen damit das Training mit unserem Hund erfolgreich ist.

Jeder Hund bringt die Bereitschaft mit, sich dem Menschen anzuschließen; das ist ein Umstand, der uns entgegenkommt. Damit haben wir die Möglichkeit, seinen Willen, sich uns unterzuordnen, für die Erziehung zu nutzen. Stellen Sie sich vor, er würde diese Bereitschaft nicht mitbringen – wir würden trotz Leckerli in der Hand bereits am einfachen Sitz scheitern. Es ist eine ganz besondere Eigenschaft von Hunden, dass sie sich sehr auf uns Menschen einlassen und uns ergeben sind. Inzwischen gibt es Studien, die wissenschaftlich beweisen, dass Hunde direkt durch die Persönlichkeit des Menschen beeinflusst werden und sich dieser anpassen. Das alte Sprichwort „Wie der Herr, so`s Gescherr" bewahrheitet sich hier und wird durch die Wissenschaft bestätigt. Vor allem beim Stressmanagement hat sich herausgestellt, dass die Mensch-Hund - Beziehungsmuster das Verhalten des Hundes maßgeblich beeinflussen. Unsere Persönlichkeit hat deshalb so große Auswirkungen auf den Hund, weil wir eine ähnliche Persönlichkeitsstruktur wie Hunde haben und uns eine lange gemeinsame Geschichte verbindet. Dazu gesellen sich die Auswirkungen der Intensität der Beziehung und Bindung zwischen uns und unserem

Hund. Und damit sind wir bei dem angelangt, was uns mit unserem Hund verbindet.

Bindung oder Beziehung?

Hunde sind nicht unsere Gegner und sie brauchen keinen Rudelführer; wir sind nicht beim Militär, wir ziehen nicht in den Krieg, deshalb brauchen sie keine Kommandos. Hunde sind unsere Gehilfen, Vertraute – wie Kinder, die nie erwachsen wurden. Sie sind auf der Suche nach einem Kumpel, Beschützer und nach Familienanschluss. Vor allem aber sind Hunde unsere Freunde und Lebenspartner. Wir benötigen nicht ihren Gehorsam, sondern ihre Zusammenarbeit; Einladungen sind daher besser als Kommandos. Das wird nicht durch Dressur oder Training erreicht, sondern durch Bindung. Hunde als soziale Tiere brauchen sichere und starke Verbindungen und sie sind bereit, diese mit uns einzugehen, obwohl wir einer anderen Spezies angehören.

Bevor wir darüber nachdenken, wie wir mit unserem Hund umgehen, wollen wir uns über die Begriffe Bindung und Beziehung einig werden. Als Erstes betrachten wir den Begriff Beziehung genauer.

Beziehung ist nicht gleich Beziehung. Wenn wir von denselben Kriterien wie bei den Menschen ausgehen, dann gibt es auch beim Hund vergleichbare Arten von Beziehungen. Es gibt die Geschäftsbeziehung und die Handelsbeziehung, die Liebesbeziehung, die freundschaftliche Beziehung, die Bekanntschaftsbeziehung und viele weitere Arten von Beziehungen. Die meisten Beziehungen haben gemeinsam, dass sie nur oberflächlich sind. Wir würden zum Beispiel zwischen einer freundschaftlichen Beziehung und echter, wahrer Freundschaft sehr wohl unterscheiden. Auch wenn die Geschäftsbeziehung durchaus freundlich ist und wir unserem Arbeitgeber gegenüber loyal sind, so gehen wir dennoch nach Arbeitsschluss auseinander und genießen unsere Freizeit getrennt voneinander und jeder nach seinen Bedürfnissen. Etwas tiefergehender ist die Verwandtschaftsbeziehung, die nächste Steigerung ist die Familie und als höchste Form ist wohl die Beziehung zum Lebenspartner oder die Beziehung der Eltern zu ihrem Kind zu erachten. Wobei wir in diesen Fällen schon von Bindung ausgehen müssen. Gehen wir von denselben Kriterien wie bei den Menschen aus, dann gibt es auch mit dem Hund vergleichbare Arten von Beziehungen. Die Frage stellt sich aber, welche für uns und unseren Hund die relevante Beziehungsart ist. Die Geschäftsbeziehung? Wir bezahlen unseren Hund mit Kost und Unterkunft, damit er uns gegenüber loyal ist? Er bekommt von uns für die Ausführung von Befehlen eine Belohnung, ähnlich einer Bezahlung? Kein Wunder, wenn er sich dann in seiner Freizeit anderweitig beschäftigt, wir tun es ja auch. Wenn unser Hund das Kommando Sitz ausführt und wir das mit einem Leckerli belohnen, wird er dieses Kommando in Zukunft immer besser befolgen. Aber was tun wir hier? Wir geben ein Kommando, das der Hund befolgt, daraufhin belohnen wir das Befolgen des Kommandos, damit der Hund es gerne macht. Wir zwingen, in diesem Moment unseren Hund etwas zu tun, das unser Wille ist, aber das aus seiner Sicht keinen tieferen Sinn ergibt, außer dass er dafür belohnt wird.

Wir dressieren unseren Hund! Wir üben Macht aus, da wir die Belohnung jederzeit weglassen und somit den Hund bestrafen können, wenn er das Kommando nicht präzise genug ausführt. Wir können das Verhalten des Hundes sehr fein anpassen, indem wir über positive Verstärkung mit Belohnung und mithilfe eines Klickers daran arbeiten. Aber aus Sicht der Beziehung haben wir es in diesem Fall mit einer Geschäftsbeziehung zu tun – so wie wir zur Arbeit gehen, um Geld zu verdienen. Unsere Arbeit wird durch das Gehalt belohnt, wir erfahren dadurch eine Wertschätzung unserer Tätigkeit, aber wir unterliegen auch dem Zwang, eine Arbeit zu haben, da wir sonst kein Geld verdienen würden. Das soll nicht heißen, dass es schlecht ist, den Hund für das Befolgen von Kommandos zu belohnen. Es sollte uns nur bewusst sein, was wir da tun.

Es kann auch passieren, dass wir unseren Hund nur kurz glücklich machen, wenn wir den Ball werfen und er umso abhängiger wird, je öfter wir so vorgehen – wie bei einer Sucht. Manch einer von uns weiß, wie das ist, einen

Balljunkie zu haben. Mit Glücklichsein hat das nichts mehr zu tun.

In diesem Zusammenhang ist ein weiterer Aspekt wichtig. Es wurde in Studien festgestellt, dass es ab einer gewissen Menge der Belohnung keine Motivation mehr gibt, sich noch mehr anzustrengen. Auch bei Managern ist ab einer gewissen Höhe der Bonuszahlungen keine Steigerung der Motivation und der Leistung feststellbar. Im Gegenteil, diese Zahlungen vermindern sogar die Leistungen der Manager oder sie verhalten sich unehrlich. Auch das ist auf den Hund übertragbar. Wir entwerten die Belohnung, wenn wir allzu verschwenderisch damit umgehen, und sie verliert ihre Wirkung. Wir sollten daran denken, wie es uns geht, wenn wir etwas nur selten bekommen. Das seltene Stück Torte schmeckt viel besser, als wenn wir jeden Tag Torte essen könnten. Deshalb sollten wir das Leckerli oder den Ball als Belohnung mit viel Bedacht verwenden, damit wir sie nicht entwerten.

Anders verhält es sich bei der Motivation für Tätigkeiten, die Menschen aus sich heraus tun wollen. Der freiwillige ehrenamtliche Helfer bei der Feuerwehr riskiert sein Leben, um andere zu retten. Ein weiteres Beispiel ist ein Sammler, der sich sehr bemüht, alle Teile zu bekommen, die er gerne haben möchte. Oder der Sprung aus dem Flugzeug mit dem Fallschirm – auch der ist selbstbelohnend, da das Tun an sich das Ziel des Verlangens ist. Der Hund macht ebenfalls Dinge um ihrer selbst willen, viele davon am liebsten mit seinem Menschen, wie etwa auf der Jagd oder beim Schafehüten. Das gemeinsame Tun, das gemeinsame Erleben ist in diesen Fällen die Belohnung. Wenn wir also wissen, dass der Hund vieles gerne mit uns Menschen macht, dann sollten wir dementsprechend handeln. Je intensiver die gemeinsamen Erlebnisse sind, umso eher wird es keine Beziehung sein, sondern eine Bindung des Hundes zu uns. Wir sind, aus der Sicht des Hundes, sein Lebenspartner, also seine intensivste Beziehung. Dabei handelt es sich aber nicht nur um eine Beziehung, sondern bereits um eine Bindung, die mit der Bindung des Kindes zu seinen Eltern vergleichbar ist.

Leider werden die Begriffe Beziehung und Bindung häufig vermischt und vertauscht, was zugegebenermaßen sehr leicht passieren kann. Leichtfertig wird manchem Hundebesitzer vorgeworfen, eine schlechte Bindung zu seinem Hund zu haben, leider häufig von Menschen, die selbst nicht genau wissen, was damit gemeint ist. Oft genug sind die betroffenen Hundebesitzer dann schuldbewusst, aber nicht in der Lage, genau zu verstehen, was sie tun sollen, um die Lage zu ändern.

Was ist Bindung? Bindung ist das, was Eltern und Kind aneinanderbindet oder auch verbindet. Es ist das, was uns aufgrund unserer Fürsorge für das Leben unseres Hundes mit ihm verbindet. Bindung ist gekennzeichnet durch eine beiderseitige emotionale Nähe, die zwei Individuen miteinander verbindet. Bindung entsteht nur, wenn gewisse Kriterien erfüllt werden. Dazu gehört, dass wir als Fürsorgepflichtige alle Anfragen unseres Hundes prompt und entsprechend beantworten. Dazu gehört aber auch die Befriedigung von Bedürfnissen wie Nähe,

Zuwendung, Nahrung, aber auch von Sicherheit und Konsequenz. Diese Anfragen unseres Hundes müssen wir als Kommunikation des Hundes zu uns erkennen. Wir müssen diese Anfragen beantworten und erfüllen. Aufgrund dieser Kommunikation und Interaktion entsteht Bindung. Bindung wird im Gegensatz zu einer Beziehung nur zwischen Individuen entstehen, die sich nahe sind und sich entsprechend verhalten. Es ist also wichtig, dass wir als Fürsorgepflichtige dem Hund gegenüber soziale Nähe zulassen. Ein Beispiel dafür wäre, dass wir dem Hund unsere Ohren, Augen und das Gesicht abschlecken lassen. Er benötigt das, um uns gegenüber seine Wertschätzung zu zeigen. Dieses Abschlecken sorgt für Bindung. Wir können dem Hund auch die Möglichkeit geben, sein Bedürfnis nach Kontaktliegen mit uns zu befriedigen. Wir sorgen aber auch für Bindung, indem wir ihm einen Ort zur Verfügung stellen, an dem er ungestört ist und sich zurückziehen kann. Ein anderes Beispiel: Wenn wir unseren Hund genau beobachten und feststellen, dass ihm etwas Angst macht oder in ihm

Unbehagen erzeugt, dann sollten wir darauf Rücksicht nehmen und den Grund dafür beseitigen. Oder aber wir sitzen einfach nur gemeinsam mit unserem Hund auf einem Hügel und beobachten die umliegende Landschaft, weil wir wissen, dass Hunde gerne auf ihrem Feldherrenhügel sitzen und immer alles im Blick haben wollen.

Dazu müssen wir aber Zeit aufbringen und unseren Hund aufmerksam beobachten. Leider sind wir Menschen eher oberflächlich und nehmen uns viel zu wenig Zeit für unseren Hund. Ja, auch nur den Hund zu beobachten und sich auf ihn einzulassen, heißt, sich Zeit nehmen für den Hund. Das ist aber gar nicht so einfach, wie es scheint, da wir sein Verhalten wertfrei und nicht nach menschlichen Maßstäben bewerten sollen. Wir sollten uns mehr auf unseren Hund einlassen und verstehen lernen, was ihn bewegt und wie sich das eine oder andere aus seiner Sicht darstellt.

Erkennen wir die Bedürfnisse des Hundes und erfüllen diese, dann schaffen wir die Voraussetzungen für eine gute Bindung. Diese ist, wenn sie einmal besteht, nicht so leicht zu erschüttern. Wenn uns also jemand mit dem Vorwurf konfrontiert, dass wir eine schlechte Bindung zu unserem Hund haben, dann sollten wir in erster Line zuerst die Kompetenz dessen hinterfragen, von dem der Vorwurf kommt. Letztendlich können nur wir selbst und wirklich gute Hundetrainer die Bindung zu unserem Hund beurteilen. Wir können uns dabei getrost auf unser Bauchgefühl verlassen. Dazu müssen wir innehalten und achtsam sein. Denn wir fühlen auch mit dem Bauch, er ist unser zweites Gehirn, mit dem sich die Wissenschaft in letzter Zeit befasst hat und diesen Zusammenhang nachgewiesen hat. Wir fühlen also auch mit unserem Bauch und er ist maßgeblich mit unseren Emotionen beschäftigt, aber auch zum Teil für diese verantwortlich.

Wenn wir spüren, dass die Bindung zu unserem Hund nicht in Ordnung ist, sollten wir mit Achtsamkeit und Mitgefühl erfühlen, was nicht stimmt. Wenn uns das nicht gelingt, dann können wir uns Hilfe von kompetenten Hundetrainern holen, aber das ist vor allem eine Vertrauensfrage. Richtig gute

Hundetrainer können nicht nur mit Hunden gut umgehen oder haben Kynologie studiert, sie zeichnen sich vor allem dadurch aus, dass sie mit Menschen gut umgehen können und das nötige Wissen und die Fertigkeiten verständlich vermitteln können.

Der Weg ist das Ziel - oder doch nicht?

Es wird uns langsam klar, dass der Hauptanteil an der Arbeit für eine schöne Reise durch das gemeinsame Leben mit dem Hund bei uns selber liegt. Das Meiste muss nicht nur durch uns, sondern in uns passieren. Wie schon erwähnt, beginnt die Reise mit der Selbsterkenntnis, wer wir sind. Diese erlangen wir am besten durch Achtsamkeit uns selbst gegenüber. Meditation ist eine gute Möglichkeit, um Achtsamkeit zu erlangen. Nur wer sich selbst gegenüber achtsam und mitfühlend ist, kann anderen Menschen und auch seinen Hund gegenüber ebenso fühlen. Wir müssen uns selbst annehmen, und zwar mit all unseren Eigenschaften, ob diese gut oder schlecht sind. Aber auch unseren Hund müssen wir mit all seinen Besonderheiten annehmen und bereit sein, auf seine Bedürfnisse einzugehen. Wir müssen ihn wertfrei, ohne über ihn zu urteilen, betrachten und sein Verhalten nicht nach menschlichen Maßstäben interpretieren. Das ist ein Lernprozess, in dem wir langsam mit unserem Hund zusammenwachsen.

Unsere Betrachtungen über das Verhalten unseres Hundes dürfen nicht zu oberflächlich sein, sondern sollten tiefgehend und sensibel sein. Es ist nicht leicht, das Denken aus menschlicher Sicht auszuschalten und sich auf eine Sichtweise des Hundes einzulassen. Dieses „Ausschalten" ist eine der größten Schwierigkeiten des modernen, der Natur entfremdeten Menschen. Alles, was wir als selbstverständlich hinnehmen, müssen wir hinterfragen und uns überlegen, ob wir auf dem richtigen Weg sind. Auch sollten wir uns hin und wieder, die vielen Fotos und Filmchen die wir mit unserem Handy von unserem Hund machen, ansehen. Denn es ist wichtig, die Weiterentwicklung zu erkennen, die wir machen. Denn nur allzu leicht vergessen wir, wie es einmal war, und erkennen nicht, welche gewaltigen Fortschritte wir mit unserem Hund inzwischen gemacht haben. Das wäre schade, denn es ist etwas, worauf wir sehr stolz sein können. Es ist unsere Leistung das wir durch die von uns herbeigeführte Veränderung, das Leben mit unserem Hund zu einem Schöneren gemacht haben.

Heißt das, es ist der Weg, der als Ziel dient? Bleiben wir für immer auf der Suche nach der Lösung und nach dem perfekten Umgang mit dem Hund? Es könnte möglich sein, dass wir uns bei der Festlegung unserer Ziele geirrt haben und im Laufe unserer Reise mit dem Hund dazugelernt haben und erkennen, dass wir andere Ziele haben sollten. Wahres Glück liegt oft ganz woanders, als vermutet. Wir werden sicher nie aufhören, mit unserem Hund etwas Neues zu lernen, aber wir könnten erkennen, dass wir bereits am Ziel sind, wenn unser Leben mit dem Hund ausgeglichen ist und wir Zufriedenheit erlangt haben mit dem, was wir erreicht haben. Genießen wir doch die Momente, in denen wir die Verbundenheit zu unserem Hund spüren und lassen wir dies unseren Hund wissen. Gegenseitiges Vertrauen muss langsam wachsen – nehmen wir uns die Zeit dazu, der Hund wird es uns danken. Zeit, in der wir uns auf unseren Hund konzentrieren und ganz bei ihm sind und er auch bei uns. Zeit für intensives Miteinander ist wichtiger als Zeit, die wir nur oberflächlich miteinander verbringen. Lange Spaziergänge sind nicht so wichtig wie das gemeinsame Lösen einer Aufgabe. Gemeinsame Aufgaben können die unterschiedlichsten Dinge sein und richten sich nach den Vorlieben des Hundes. Mit einem Jagdhund können wir gemeinsam jagen, indem wir zum Beispiel Fährtenarbeit mit ihm machen. Wenn er gerne apportiert, können wir Dummy-Training machen. Mein kleiner Filou, ein Chinese Chrest Powderpuff, bewacht gerne etwas. Er läuft wie John Wayne den Zaun entlang, damit jedem sofort klar ist, wer hier der Wächter ist. Ariva und Speedy kennen und akzeptieren das und Ariva legt sich gemütlich hin, denn Filou passt ja auf. Wenn ich mit meinem Filou während einer Wanderung eine Rast mache, dann sitzen wir nebeneinander und beobachten alles genau. Wenn sich etwas bewegt und es kommt ein Wanderer in unser Blickfeld, dann gilt der zweite Blick von Filou mir. Er sieht mich fragend an, als ob er sagen würde: „Hast du gesehen, da kommt wer." Auch ich richte meinen Blick zuerst auf den Ankommenden und dann auf Filou und vermittle ihm dadurch: „Ja, ich habe ihn gesehen." Es ist ein unbeschreibliches Gefühl der Zufriedenheit, wenn ich dann den erleichternden Seufzer von Filou höre. Er hat es gesehen, wir haben aufgepasst, gemeinsam. Das sind die Momente, in denen wir nicht mehr auf dem Weg sind, sondern in denen wir angekommen sind. Es ist wichtig, das zu spüren und zu erkennen, denn es verändert etwas in uns und wir haben wieder einen Schritt in die richtige Richtung gemacht. Wir werden niemals unser Ziel erreichen und immer auf dem Weg bleiben, wenn wir nicht erkennen, dass wir eigentlich schon längst angekommen sind. Spüre deshalb deinen Hund mit allen Sinnen, um zu erkennen, was gerade abläuft, und genieße den Moment.

Warum ich diese Dinge weiß? Woher habe ich diese Gedanken und Erkenntnisse? Das alles muss nicht richtig sein, aber ich kann es vielleicht auch anders erklären, indem ich erzähle, was ich fühle:

Jetzt ist meine große Lehrmeisterin in Sachen Hund, meine Border Collie Hündin Ariva, schon 14 Jahre alt, und immer noch lerne ich von ihr.

Wenn jemand in der letzten Zeit seinen Blick auf Ariva gerichtet hat, fielen oft die Worte: Jetzt wird sie alt.

Wir haben das schon lange über sie gesagt, denn ihr Fell ist schon länger grau um die Nase. Sie ist seit 14 Jahren bei uns und sie hat sich in diesen Jahren unaufhaltsam verändert. Ihre Augen wurden mit den Jahren tiefer, etwas trüber und doch gefühlvoller. Sie war immer ein besonderer Hund, sehr selbstbewusst und doch so anschmiegsam. Als Border Collie hatte sie auch so manche Aufgabe für uns. Ihr

Körper hat sich im alter langsam verändert, ebenso ihre Persönlichkeit. Ariva gehört zu unserem Leben wie ein Familienmitglied. Ein Lieb gewordener wichtiger Teil unseres Lebens, man kann sich eine Welt ohne sie nicht vorstellen. Es ist etwas Besonderes, mit einem alternden Hund zu leben, es hat eine fast herzzerreißende Lieblichkeit. Wir wissen, wenn wir uns einen Hund holen, dass es unvermeidlich ist, und wir zusehen müssen wie er alt wird. Einen Hund nach Hause zu bringen ist wie Egoismus und Masochismus zugleich. Wenn wir Glück haben, gehen wir viele Spaziergänge mit ihnen und erleben viele besondere Stunden. Ariva war mit mir viel in den Bergen, wo wir viele Abenteuer gemeinsam erlebten. Inklusive Übernachtungen auf Berggipfeln mit einem wunderschönen Sternenhimmel. Als Therapie-Hund brachte sie viel Freude in das Leben vieler Menschen und als Rettungshund erlebten wir spannende Einsätze bei der Suche nach vermissten Personen. Oft musste ich mich aber auch entschuldigen bei Passanten für die eine oder andere Sache die Hunde eben machen und Ariva ganz besonders. Wir bringen unseren Hunden alle möglichen Dinge bei, die ihnen helfen erwachsen zu werden und sich in unser Leben zu integrieren, und wir tun alles, was verhindern kann, dass sie zu schnell zu alt werden. Wir verbringen Stunden damit, über die beste Ernährung, die beste medizinische Versorgung, Nahrungs-Ergänzungsmittel und das beste Hundebett nachzudenken, besonders wenn wir sehen das sie morgens beim Aufstehen steifer werden. Wir erkennen, dass sie jede Stunde, jeden Tag, jeden Monat und jedes Jahr einen weiteren Teil zu unserem Herzen hinzugefügt haben, einen weiteren Teil unseres Herzens mit ihrem Namen versehen haben. All die Jahre der Liebe, des Lachens, des Kuschelns, der Freundschaft und der Frustrationen werden ein Teil von uns. Ein Teil, der nie wirklich verschwindet, lange nachdem der Hund gegangen ist. Das Leben mit einem Hund, der alt geworden ist, ist eine besondere Art zu leben. Das stundenlange Gehen gehört nun der Vergangenheit an. Man will sie nicht zu sehr anstrengen. Ein Nachmittag voller

Erkundungen wird zu einer halben Stunde, in der man schlendert, und dann eine viertel Stunde, um an jedem Grashalm zu schnüffeln. Wir sind fest entschlossen alles zu tun damit eine alte Verletzung nicht wieder Probleme macht und wir versuchen alles so zu machen, das es ihnen gut geht. Ungezählte male habe ich sie über Stiegen getragen, um sie zu schonen, den Futternapf in der richtigen Höhe montiert damit sie leichter fressen kann und vieles mehr. Doch das Leben mit einem alten Hund lehrt uns auch Dankbarkeit. Das ist so eine Sache mit der Dankbarkeit. Wir vergessen schnell das wir dankbar sein sollten, wenn unser Glück groß ist. Wenn wir jedoch auf diese graue Nase und diese steifen Beine schauen, stellen wir fest, dass dieses besondere Glück begrenzt ist, und wir werden dankbar, so sehr dankbar. Wir sind ihnen dankbar, für die Jahre, die wir mit ihnen hatten, für ihre Kraft und die Kraft die sie uns geben und für jeden weiteren Tag an welchen sie unser Leben bereichern. Die Wärme ihres Körpers, und ihr Geruch setzt sich in uns fest. So sehr, dass wir bei jeder Gelegenheit tief an ihrem warmen

Fell oder ihren Pfoten riechen, weil jeder Hund anders riecht und eines Tages dieser Geruch verschwinden wird. Ja wir wissen, dass dieser Hund eines Tages unser Herz brechen wird. Und dennoch tun wir es und holen uns einen Hund, denn ehrlich gesagt, jede Träne, jeder schmerzende Teil unseres Herzens und jedes bisschen Liebe, das sie uns geben, ist einfach die Sache wert. Wenn wir einen Hund nach Hause bringen, wissen wir, dass er nicht lange genug lebt. Wir wissen, dass sie eines Tages vor uns alt werden. Wir wissen, dass Teile unseres Herzens im Laufe der Jahre mit diesem, unserem Hund verwachsen werden, bis sie eines Tages unser Herz mit Schmerz erfüllen werden. Aber wir machen es trotzdem, weil Hunde so besonders sind, dass sie es wert sind.

Worum geht es im Leben mit Hund?

Manchmal kann es mit Hunden zu Problemen kommen und diese können einen Hundehalter fast bis zur Verzweiflung bringen. Dabei ist es ein Geschenk, ein Geschenk des Hundes an seinen Menschen. Nur ein Hund, der dich durch all diese tiefen Täler führt, der deine Seele spiegelt und dich zu dir selbst führt, ist der Hund, den du brauchst. Besser als ein Mensch es je könnte, begleitet er dich auf deinem Weg. Wenn es diesen einen Hund, der dich herausfordert und hartnäckig seine Pfote in deine Wunden legt, nicht gäbe, würdest du dann noch an dir arbeiten, dich zum Besseren verändern? Wie wäre dein Leben ohne diesen Hund? Er wird dich nicht verlassen, er wird dich immer wieder an deine Schwächen und deine Fehler erinnern und dich auf die Probe stellen. Und trotz aller Probleme wird er stets zu dir kommen und dich lieben und „dein" Hund sein. Freilich gibt es am Rande der Verzweiflung den einfachen Weg, den Hund abzugeben, ihn wegen unüberwindbarer Probleme in ein Tierheim zu geben. Aber hat man damit nicht eine große Chance vertan, sich als Mensch weiterzuentwickeln, zu wachsen an der Aufgabe Hund? Wird man nicht immer ein schlechtes Gewissen haben und in dem Glauben weiterleben, versagt zu haben? Wenn man es alleine nicht schafft, kann man sich Hilfe von guten Hundetrainern holen. Die schonungslose Art des Hundes, einem unverblümt zu zeigen, was man nicht ist und nicht kann, ist doch die größte Motivation, an sich selbst zu arbeiten, sich zu verbessern, etwas zu verändern. Der Hund ist der beste Lehrmeister, den man bekommen kann, um viel Geld wird man keinen besseren finden. Lass dich darauf ein, nütze die Chance und ändere etwas in deinem Leben, und zwar nicht nur dem Hund zuliebe, auch um deiner selbst willen – mache es, jetzt!

Klicks im WWW

https://www.facebook.com/walter.sofronie

https://www.instagram.com/waltersofronie/

(Stand: Dezember 2021)

Bildverzeichnis